yukismart.com/b/6de0d6
AF365090
1
2

bebè

малюк

maliuk

bambino

хлопчик

khlopchyk

amici

друзі

druzi

bambina

дівчинка

divchynka

sorridere

посміхатися

posmikhatysia

piangere

плакати

plakaty

capelli

волосся

volossia

occhio

око

oko

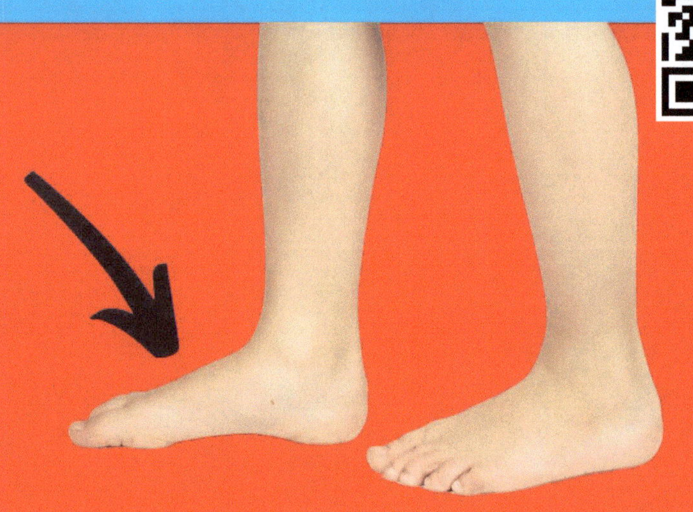

piede

стопа

stopa

mano

кисть

kyst

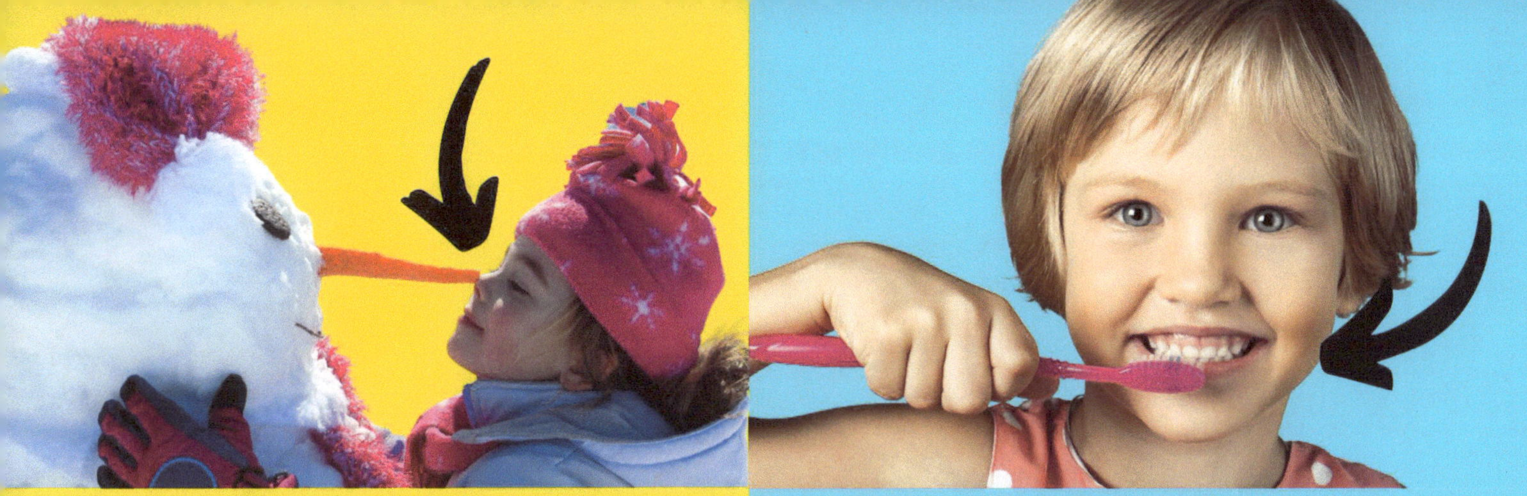

naso

ніс

nis

denti

зуби

zuby

orecchio

вухо

vukho

lingua

язик

iazyk

sole

сонце

sontse

luna

місяць

misiats

stella

зірка

zirka

albero

дерево

derevo

uccello

пташка

ptashka

cappotto

пальто

palto

pantaloni

штани

shtany

vestito

сукня

suknia

scarpe

черевики

cherevyky

rosso

червоний

chervonyi

blu

синій

synii

giallo

жовтий

zhovtyi

rosa

рожевий

rozhevyi

bianco

білий

bilyi

verde

зелений

zelenyi

nero

чорний

chornyi

multicolore
різнокольоровий
riznokolorovyi

arcobaleno

веселка

veselka

mela

яблуко

iabluko

banana

банан

banan

pomodoro

помідор

pomidor

arancia

апельсин

apelsyn

carota

морква

morkva

piselli

горошинки

horoshynky

patata

картопля

kartoplia

mais

кукурудза

kukurudza

limone

лимон

lymon

uva

виноград

vynohrad

pera

груша

hrusha

cocomero

кавун

kavun

zucchina

Кабачок-цукіні

Kabachok-tsukini

uovo

яйце

iaitse

fungo

гриб

hryb

quadrato

квадрат

kvadrat

cerchio

коло

kolo

rettangolo

прямокутник

priamokutnyk

triangolo

трикутник

trykutnyk

gatto

кішка

kishka

cane

собака

sobaka

pesce

риба

ryba

mucca

корова

korova

anatra

качка

kachka

pulcino

курча

kurcha

gallina

курка

kurka

rana

жаба

zhaba

maiale

свиня

svynia

coniglio

кролик

krolyk

topo

миша

mysha

cavallo

кінь

kin

pecora

вівця

vivtsia

fiore

квітка

kvitka

farfalla

метелик

metelyk

coccinella

божа корівка

bozha korivka

lumaca

равлик

ravlyk

torta

тістечко

tistechko

pane

хліб

khlib

orologio

ГОДИННИК

hodynnyk

chiave

КЛЮЧ

kliuch

libro

книга

knyha

palla

м'яч

m'iach

tavolo

стіл

stil

piatto

тарілка

tarilka

sedia

стілець

stilets

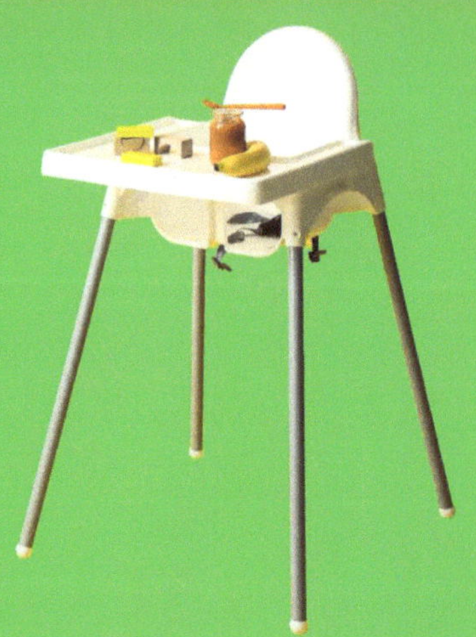

seggiolone

стільчик для годування

stilchyk dlia hoduvannia

forchetta

виделка

vydelka

coltello

ніж

nizh

cucchiaio

ложка

lozhka

tazza

чашка

chashka

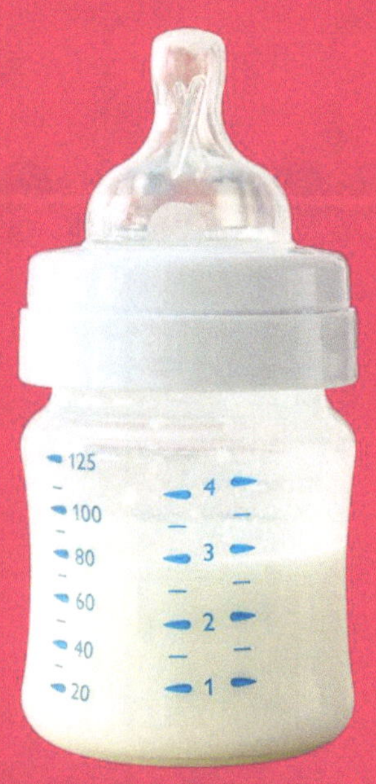

biberon

дитяча пляшечка

dytiacha pliashechka

bicchiere

стакан

stakan

letto

ліжко

lizhko

culla

дитяче ліжко

dytiache lizhko

orsacchiotto

плюшевий ведмедик

pliushevyi vedmedyk

ciuccio

соска

soska

asciugamano

рушник

rushnyk

lavandino

раковина

rakovyna

spazzolino

зубна щітка

zubna shchitka

sapone

мило

mylo

gabinetto

унітаз

unitaz

vasino

дитячий горщик

dytiachyi horshchyk

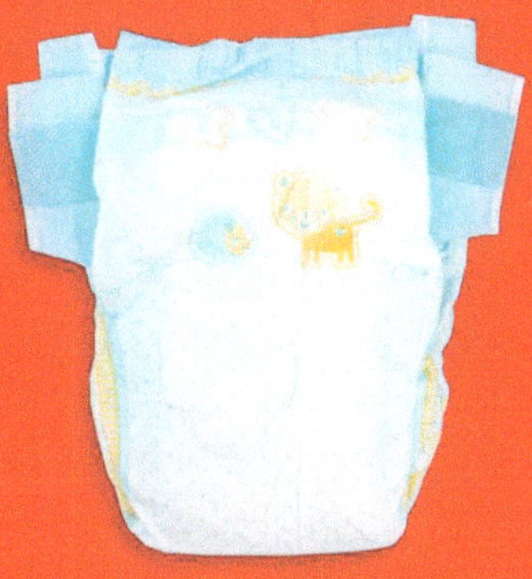

pannolino

підгузник

pidhuznyk

automobile

машина

mashyna

bicicletta

велосипед

velosyped

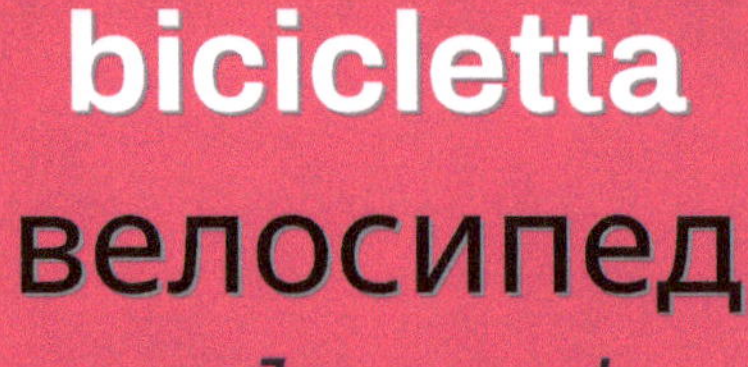

aereo

літак

litak

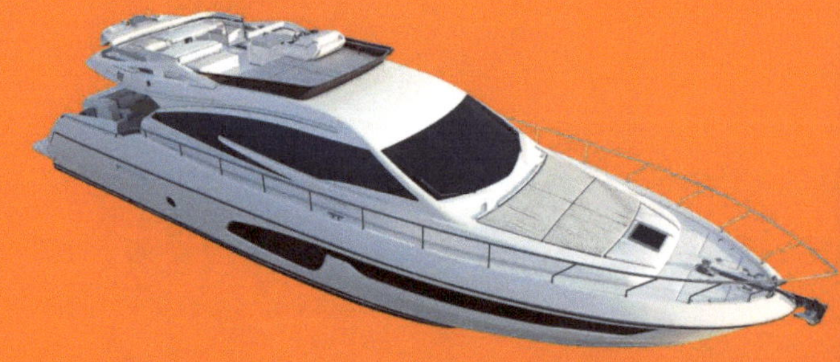

barca

човен

choven

camion dei pompieri

пожежна машина

pozhezhna mashyna

treno

ПОТЯГ

potiah

giocattoli

іграшки

ihrashky

www.ingramcontent.com/pod-product-compliance
Lightning Source LLC
LaVergne TN
LVHW071643180726
843512LV00002B/378